Viajero Eterno

Viajero Eterno

Octavio Medrano

Para ordenar copias adicionales de este libro, contactar:
Palibrio
1-877-407-5847
www.Palibrio.com
ordenes@palibrio.com
354686

Autor:
Octavio Medrano

Assistente:
Andy Oso Macias

Agradezco al todo poderoso, mi padre en todo lugar por permitirme venir a la tierra, tomar este cuerpo humano y dejar el mensaje, y seguir como un viajante eterno, por el momento en, nuestra barca solar, recuerda la vida es universal y solo se nos manifiesta al entender aquí, más te digo toda causa que le anima no es ni siquiera del sol, el sol es solo un motor o diseño del arquitecto divino, que comanda nuestro sistema. les invito a venir conmigo a viajar, en quienes somos de dónde venimos a donde vamos no solo en el sistema solar, en el universo en la tierra, y el plan de la deidad para con nosotros de una manera sencilla tratare de explicar hasta donde me sea posible, debo recordarles que soy al igual que ustedes un ángel solar atrapado en un cuerpo de materia, que ha sido enviado para dejarles este mensaje espero les sirva, debo decirles que la finalidad de estos escritos es el despertamiento de mis hermanos, en cuanto a la enajenación de la cual hemos sido objeto por quienes conocen parte de la verdad, y han empequeñecido la visión que tiene el ser humano en cuanto a su valor tanto en el aspecto humano como en el valor a nivel universal, la manipulación ha hecho mucho daño y atrasado nuestro progreso, debemos tomar conciencia de lo valiosos que somos como un diseño del arquitecto divino, ha sido muy devaluada la perspectiva del viaje del hombre en nuestra barca solar, y hoy por hoy se ahoga en un charco de agua, por tanto daño como la han hecho quienes tienen un conocimiento más avanzado en cuanto al plan del arquitecto universal creador del ser humano, yo veo a mis hermanos con tan cortos pensamientos en cuanto al plan que me aterra me entristece porque la semilla da su fruto en el momento que la tierra está lista para la siembra, y yo veo que la mente humana está lista para globalizar los procesos que conforman la vida tanto en la tierra como en el universo, lo mismo la finalidad de estos escritos es sintetizar el conocimiento o las bases principales para que puedas participar entender y expandir tu conciencia, nosotros somos potencialmente divinos hijos del padre dioses solares dioses con materia universal, somos inconmensurablemente seres de una estatura que ha llevado millones de años crearla, gigantes sin tiempo tomemos pues conciencia del echo y vallamos en pos de la sabiduría interna que ya poseemos y si en algún momento de tu vida terrena te sientes triste solo piensa en los millones de años que le tomo al padre crearte mira tos ojos mira tus manos caminas ríes eres polvo de estrella y solo en la materia imagina en espíritu tu dios mi dios tu mi padre tu mi hijo respira profundo toma conciencia y mírate en silencio dale gracias a el padre por tanto trabajo como le costaste para traerte a la vida y en silencio vive en paz, porque eres eterno y cuando tu cuerpo físico se daña el eterno te da otro una y otra vez por los siglos de los siglos y aquí vamos levanta el espíritu y acompáñame

PREFACIO la vida es eterna invisible, aunque presente sin principio ni fin periódica o transitoria en sus manifestaciones finita lo mismo mortal, pero eterna e inmortal en su esencia ya que la da el absoluto, y es una con el todo ello es movimiento eterno incesante llamado el gran aliento y es el movimiento perpetuo del universo herencia del hombre, o el hombre producto directo de la vibración universal que sintetiza a la deidad, De esta manera, LA DEIDAD es un fuego misterioso en continuo movimiento, y los testigos de esto son la luz el calor y la humedad que son causa de todos los fenómenos de la naturaleza el movimiento es eterno e incesante infinito, y el visible es periódico finito, el invisible y visible de las reconstrucciones sucesivas del universo en sus manifestaciones finitas, al empezar un periodo activo, tiene lugar una expansión o crecimiento de dentro afuera cuando sobreviene el fin tiene un proceso de contracción pasiva y toda obra es lenta o rápidamente desecha en el mundo visible todo se deshace o se dispersa en concreto una EXPIRACIÓN produce el mundo, y una INHALACIÓN desaparece, en todos los tratados de la humanidad de los grandes pensadores, la primera figura de la cosmogonía es representada por un disco negro que representa al absoluto el cosmos en la eternidad o la eternidad misma sin principio ni fin en la segunda parte el disco tiene un punto en el centro, el punto en el disco significa el germen interno de donde se desarrollara el universo la unión de lo finito o mortal e inmortal, el circulo es la unidad de donde todo procede y a donde todo vuelve el circulo indica la limitación humana en cuanto al conocimiento que puede alcanzar en esta MANIFESTACIÓN O MANVANTARA, en este plano se origina el pensamiento divino que pone a la practica en el ser humano y en la madre naturaleza, ahí reposa oculto el plan divino, es pues la vida una eterna e invisible omnipresente sin principio ni fin aunque periódica cuando se manifiesta en el mundo transitorio mortal o finito, es la diferenciación primera en las manifestaciones periódicas de la naturaleza el punto se trasforma en una línea o diámetro que es LA MADRE NATURALEZA inmaculada y divina, aun en su manifestación periódica es divina. Y cuando el diámetro horizontal se cruza por un vertical este signo simboliza la caída del hombre en la materia. Comienza la cuarta raza que es aquello que no necesita soporte para existir el negro espacio, siempre es. EL ESPACIO que es aquello que siempre fue. El germen en la raíz, que. Es aquello que está siempre viniendo y yendo. EL GRAN ALIENTO, entonces existen tres eternos. No los tres son uno. Que siempre es uno. Lo que está viniendo a ser es también uno. El aliento que es eterno procede de fuera adentro. Cuando está en todas partes y de dentro afuera cuando no está en ninguna. Parte o sea maya uno de los centros se extiende y se contrae . . . EXPIRACIÓN e INSPIRACIÓN, cuando se extiende la madre se difunde y esparce. Cuando se contrae la madre retrocede y se repliega. Esto produce los periodos de evolución y de disolución. Lo que llamamos un día de brama o, MANVANTARA Y PRALAYA El germen es invisible caliente ígneo, y la raíz el plano del circulo es fría y radiante, El aliento caliente es el padre que devora la generación de los elementos de múltiples caras, Y deja los de una sola faz, El aliento frio es la madre que los concibe, Los forma y da a luz, Y los recibe de nuevo en su seno para volverlos a formar otra vez en la aurora del día de brama, o manvantara dando un poco de luz sobre esto un dia de brama se asocia con el principio de la formación, o diversificación de los elementos del uno absoluto, fuego en nuestro caso sería al explotar una estrella y formarse la nebulosa, de ahí los planetas enseguida la formación o los elementos conjuntos para crear al ser humano, la deidad en concreto condensa una cantidad de energía o combustible ígneo, su hijo lo agita le da vida y lo enciende palpitante, este proceso dura millones de años hasta que un día surya se cansa, y los planetas envejecidos exhaustos ya no tengan la capacidad para recibir la energía o los alimentos del padre, en forma de energía, la nebulosa se alimenta del espacio interestelar, el sol de su madre física y espiritual, los planetas del sol y los planetas contribuyen para crear a los elementos diferenciados, que forma o componen a l ser humano al final lo que llamamos un pralaya solar la deidad deja de alimentar a un sistema ya viejo en cuanto a su función para la que fue diseñado y comienza su disolución deja de alimentarle ya sus entrañas están dañadas, el mundo finito llega a su fin más nada se pierde los pedazos se dispersan para hacer nuevos mundos Recordemos que la naturaleza es un operador perpetuo que actúa en forma circular, Engendrando fluidos de solidos cosas fijas de cosas volátiles, y volátiles de fijas, así es posible pueden todas las cosas ORIGINARSE DE EL ÉTER, viajero se le llama a nuestra monada los dos en uno durante su ciclo de encarnaciones es el único principio inmortal y eterno que existe en nosotros siendo una porción indivisible del todo integral el espíritu universal del cual surge y en el cual es absorbida al final del ciclo. Sutratma alma hilo cordón de plata surge de la cabeza del ser humano es su inteligencia en concretola parte inmortal el verdadero venir a ser por los siglos de los siglos el hombre en su peregrinaje por todas las formas diseñadas para su avance trasmutando en pos de la conquista del universo conociéndose a si mismo el padre prepara la habitación para venir a ser. LA APARICIÓN DE MUNDOS Y DESAPARICIÓN. ES COMO EL IR Y VENIR DE LAS MAREAS Todos los seres humanos buscamos en el alma. En el espíritu la razón de la vida. El porqué de donde proviene la vida. Y hacia donde nos dirigimos después de la muerte física. Y como volvemos. En un nuevo cuerpo. Repito estos escritos tratan de nuestro emocionante viaje intergaláctico en nuestra barca solar, eterno viajante interestelar y dador físico de las condiciones de la vida.

El sol, Entonces como y a donde vamos quiere saberlo.
Acompáñeme en este viaje. Desde que comenzó lo que
llamamos la herencia del hombre la aparición de los
diseñadores de la tierra dios o la deidad ha sido
reconocida o considerada bajo su aspecto filosófico el
MOVIMIENTO UNIVERSAL LA VIBRACIÓN EL ALIENTO
CREADOR LA NATURALEZA. LA VIDA es pues periódica
en sus manifestaciones pero eterna en cuanto a quien
diseño todo elemento existente, recordemos todo es
fuego de él, surge a la vida transitoria, y a el vuelve al
final de cada ciclo, ya sea la vida de una estrella, de
un planeta, del sol, o de un ser humano, en concreto
el CUERPO HECHO DEL FUEGO ES TRANSITORIO Y
MORTAL mas su esencia es infinita eterna en sus
principios el ser humano verdadero es eterno, y toma
los cuerpos a la mano, para reflejar el progreso del plan
del arquitecto divino, en este pasaje del venir a ser o a
vivir, siendo de una manera inteligente la DEIDAD
CONOCIÉNDOSE A SÍ MISMA, por medio de la
inteligencia que deposita, en el hombre, dios es la divina
inteligencia, entonces si su procedencia es del universo
somos pues descendientes de la llama del conocimiento
divino, de dios conociéndose a sí mismo, vamos pues
al diseño de nuestro dios extra cósmico, universal para
no extenuar o agitar más allá de lo necesario para mis
hermanos, en este momento iremos solo hasta las
estrellas. En el universo existen lo que llamamos
nebulosa, que contienen restos de estrellas, Que ya
colapsaron o explotaron. Vivieron su ciclo en función
de la vida. Cuando las estrellas mueren o se trasforman.
Forman polvo, y gases. De ahí surge lo que llaman las

nebulosas, he ahí la vida cuando las estrellas mueren o se trasforman, al momento de colapsar empiezan a fragmentarse en partes de todo esto se forma la NEBULOSA al girar tan rápidamente en su propio infierno empieza a desprender las partes más pesadas del núcleo, y cada una de esas partes empieza a acumular gas y el polvo, por medio de su propio núcleo electromagnético, y nacen los planetas, el sol en medio y sus hermanos girando en su sistema que se forma y habrá de tener influencia en el mismo, Como en un todo el día de brama es la combustión de los compuestos de la misma como un todo. El sol fue el centro de la nev. Hasta que los anillos de la gigantesca masa se separaron convirtiéndose en bolas de fuego incandescente. al separarse del núcleo principal en planetas y cada uno de ellos es hermano del sol, pero recuerda el sol y los planetas se separan físicamente pero la hueva abarca todo. En una función o relación con el resto por tanto los seres humanos, estamos compuestos de toda la gama del sistema solar, y nuestro viaje empezó en mercurio, y continuara recuerda los humanos estamos siempre yendo, DE UNA PERFECCIÓN A OTRA MEJOR EN EL VIAJE. Y el viaje no termina en la tierra, de momento las condiciones para el receptáculo físico o cuerpo están. Aquí, pero van a trasmutar y nosotros ahí estaremos, la monada busca o está en el lugar correcto siempre, la monada es la parte espiritual eterna, que se une a lo transitorio y mortal, lo físico del venir a ser o como le llamamos pasado presente y futuro. Todo el proceso desde que es una estrella. Hasta la formación de las condiciones para la vida. Esta

encadenado por una inteligencia infinita Y ETERNA.
Entonces entendemos que independientemente de que
somos parte de todo el universo. Nuestra tarea
básicamente es de nuestro sistema solar. Y en este
momento en la tierra. Solo recuerda que todo lo que
era la nebulosa en el principio. Es el huevo completo
de nuestro sistema, Está unido hasta que el sol colapse,
y pase lo que llamamos un día de brama para mejor
entender el sol y los planetas como ya dije antes son
el producto de la nebulosa, que al separarse o dividirse
dejo espacios aparentes entre los mismos, solo en
apariencia el sol y los planetas funcionan de una
manera sistemática interrelacionada entre ellos, son
un hijo y ese hijo da a luz 7, y todos son un compuesto
importante de las condiciones para que se diera la vida
como la conocemos. Ahora pasamos a la formación de
la tierra. La tierra era en un principio cuando terminó
de separarse del sol, una bola incandescente de
materiales dispersos, producto de la separación de los
anillos de la nebulosa, la nebulosa se fragmenta en
pedazos y en el centro queda la mayor parte de ella,
que se convierte en nuestro sol, el núcleo de la tierra
por sus elementos más pesados, comienza a atraer los
pedazos de la colisión o fragmentación del núcleo por
medio de su campo electromagnético, y empieza a ser
bombardeado por los objetos más pequeños y a
aumentar su masa o tamaño, al establecerse empieza
a ser bombardeado por los meteoritos, imaginemos una
bola de fuego incandescente siendo bombardeado por
los pedazos de la fragmentación de la nebulosa,
aproximadamente dos millones de años cuando

termina, se vuelven los impactos de exterior menos frecuentes, comienza su vida su ciclo como el hijo nacido del sol. Acumulo material igual que sus hermanos. MERCURIO VENUS MARTE JÚPITER SATURNO URANO Y NEPTUNO. Y en la misma forma que la nebulosa. Se comprimió y colapso se convirtió en una bola de fuego. Aventando al espacio nubes de gas y polvo así duro millones de años así el hijo o la tierra vivió su adolescencia y juventud generando las condiciones para la vida futura. Cuando la tierra pierde la fuerza de su revolución interna le ocurre lo mismo que a la nebulosa, y enseguida al sol, el primero se separa en planetas, la hueva, con el sol ocurre lo mismo, la tierra al perder la fuerza empieza a recibir el impacto del material que lanzaba al espacio empieza a recibir material el mismo que vomito al espacio en su juventud. y empieza a ahogarse con su propio vomito millones de toneladas de polvo producto de la combustión vuelven a él, y cae prisionero de la materia física la monada o el alma y el espíritu están dispuestas lo transitorio, y lo eterno tienen casa, pero aún no se consuma el matrimonio del cordero con la tierra, el fuego se separa en los elementos éter el absoluto. Compuestos del mismo FUEGO AIRE AGUA TIERRA ELECTRICIDAD, el huevo del mundo se cubre de los mismos, en orden aun en el caos existente, en esa época el polvo empieza a formar los continentes al cubrir el núcleo, y el agua producto de la misma combustión empieza a caer a la tierra formando los mares, así duro lo que llamamos el diluvio universal millones de años mas no solo era agua eran los elementos más pesados producto de la combustión en la tierra así fueron formados los continentes y los mares. El producto final ES LA TIERRA O EL NÚCLEO que quedo prisionero en El Centro de la tierra y trata de liberarse de lo que le cubre. En vano esfuerzo más consiguiendo cambiar permanentemente las estructuras de los continentes.

Imaginemos A una llanta en el fango así se mueve el núcleo, mas mucho muy lentamente la corteza terrestre en concreto, el núcleo jira a una velocidad increíblemente rápida, y por medio de esa fuerza mueve al planeta.

PARA CONCRETIZAR la idea la ESTRELLA se forma en el universo vive millones de años cuando muere da paso a otra forma de vida da forma a lo que llama la ciencia, NEBULOSA que son los pedazos fragmentados de la explosión de la estrella la parte más grande que queda de la explosión genera una fuerza de atracción hacia los pedazos mas pequeños entonces se forma un caos millones de pedazos empieza a girar en derredor del núcleo, hay empiezan la colisiones violentas es la lucha de los titanes más grandes, tratando de no ser devorados por el NÚCLEO CENTRAL, es un sobrevive como entidad dependiente en cuanto al campo de energía que le da vida, más quiere ser independiente en cuanto a estar separada del núcleo que termina siendo el sol central, cuando las partes en derredor del núcleo no han acumulado suficiente material rocoso son una misma con el núcleo central es todavía una entidad, un cuerpo pero llega el día que acumularon un peso inmenso y rompen la hegemonía del núcleo central, pudiera decirse que el sol es la madre dando a luz a sus hijos que se vuelven dependientes en cuanto a sus principios, pero independientes en su desarrollo como planetas, ahí sucede el resquebrajamiento lo que llama la ciencia el rompimiento de los anillos, ejemplo una llanta de una bicicleta se mantiene unida al eje que es el que la ase girar, pero si rompes los rallos de la llanta termina separándose del eje y como existe la fuerza electromagnética termina girando, por la inercia en derredor del padre madre. A NACIDO GIRANDO SOBRE SÍ MISMO ESTABLECIÉNDOSE COMO PLANETA., CLIMA DE LA TIERRA ay un punto muy importante en cuanto al clima de la tierra, el sol aumentado en un 35 ciento su calor desde que era joven y eso no ha afectado a la tierra, la tierra es dinámica las placas tectónicas están en continuo movimiento impulsada por su reserva interna de calor, al chocar los continentes crean grandes cordilleras o montañas, al formarse y caer las montañas influyen en nuestro clima, y el clima da forma a la vida que habita el planeta todos estos cambios hacen a la tierra lo que es, para comenzar a distinguir a la tierra de otros planetas debemos de entender cómo se formó, y sus diferencias de otros planetas, de nuestro sistema solar, todo nuestro sistema solar se formó de los restos de estrellas muertas, igual que los sistemas estelares que se están formando hoy, en el universo ay muchos sistemas solares en formación sistema solar es nubes de gas y polvo, en diferentes fases de formación como sistemas solares, y se forman cuando las nubes de restos estelares se colapsan, en nubes de polvo y gas en el espacio, pero esas nubes no se colapsan sin que algo las ayude, lo que llamamos una supernova ase el

resto se tiene una enorme onda de choque, tenemos
una enorme onda de choque por la explosión surge con
violencia y se convierte en nube, y empieza a contraerse
y la fuerza de gravedad ase el resto, en concreto los
sistemas solares se condensan a través de polvo de
ESTRELLAS O SUPERNOVAS, ase como 4500 millones
de años la nube de polvo y gas que se convertiría en
nuestro sistema solar, comenzó a girar y a medida que
la gravedad atrajo la materia hacia el centro se calentó,
de repente de repente el joven sol se incendió, el gas
más ligero fue arrojado al extremo más lejano del
sistema solar, dejando cerca del sol el material rocoso
que pronto se condenso para formar planetas rocosos,
marte el más lejano del sol luego la tierra luego venus,
son similares todos tienen un núcleo de hierro y un
material más ligero de silicio, flotando encima, la tierra
tiene exactamente los mismos componentes que el sol
y los otros planetas, pero desde el principio hubo algo
que hiso a la tierra diferente de venus y marte solo
tenía un gran satélite pero que paso que hiso a la tierra
tan diferente en el camino que siguieron venus y
marte . . . , retrocediendo 3 mil millones de años más
o menos, la corteza de la, superficie proporciona datos
de como MARTE, se convirtió en un planeta o mundo
muerto Y FRIO. Y como VENUS bajo una permanente
cubierta de nubes desarrollo una temperatura
extremadamente CALIENTE, y SOLO EN LA TIERRA
LAS CONDICIONES SON ADECUADAS PARA LA VIDA,
pero porque la tierra se desarrolló tan diferente a los
otros planetas rocosos, volviendo al tema como es que
el clima de la tierra se mantiene estable de eso tiene

que ver el MAGNETISMO DE LA LUNA SOBRE LA TIERRA, es lo que mantiene el eje de la tierra en su lugar, de otra manera la tierra se daría vuelta con el resultado que no habría estaciones y podría moverse a cualquier grado de inclinación aun casi horizontalmente, en este Angulo un hemisferio estaría iluminado por meses el otro oscuro por meses, mientras la tierra se mueve en su órbita anual en derredor del sol, y un ano se volvería un ano con colosales efectos sobre el clima, y eventos como este le pasan a planetas sin lunas grandes, MARTE se mueve todo el tiempo, y VENUS parece haberse volteado pero la influencia de la luna ha permitido que el clima de la tierra permanezca estable, pero aun ay un giro sorprendente en la compleja historia de nuestro clima, algo con el poder de cambiar el sistema que regula la temperatura en la tierra, los astrónomos han descubierto que el sol en sí, no es estable se está calentando gradualmente hoy arde 25 por ciento más que cuando era joven, este cambio colosal debió tener un efecto realmente catastrófico sobre la tierra, pero aun así parece que nuestro mundo apenas ha resultado afectado, la evidencia de esto viene de Groenlandia donde se han encontrado las rocas más antiguas sobre la superficie de la tierra estas rocas pintan una vivida imagen del planeta ase 4 mil millones de años, entre ellas esta esté depósito de piedrecillas redondas en una matriz fangosa los restos de una antigua playa o línea costera, prueba inequívoca de que entonces como ahora había agua en estado líquido en la tierra, así que a pesar del constante incremento en la actividad del sol, la temperatura de la tierra ha cambiado poco en 4 mil millones de años, algo que controla el clima planetario de estar reaccionando al sol cambiante para mantener fresco al mundo, pero que es la respuesta está en la creta ay algo especial en la creta, no está formada por un proceso puramente geológico, esta echa de seres vivientes se forma por una lluvia de plancton sobre el lecho marino, muere en ciclos y viene en oleadas en los océanos, la creta se forma de los cocalitos los cocolitos son tan pequeños que no podemos verlos a simple vista, al crecer estos pequeños usan dióxido de carbono de la atmosfera, para construir sus caparazones cuando mueren y se hunde en el fondo del mar, estos caparazones quedan comprimidos para formar creta, y otras calizas atrapado en el corazón de cada uno de los cocolitos ay un porcentaje de dióxido de carbono, así que en las piedras calizas como la creta tenemos enormes cantidades de dióxido de carbono, hoy casi todo el carbono atrapado se encuentra en las rocas piedras calizas cretas y carbón, echo de seres vivientes, en otras palabras, hoy en la tierra la vida es la que toma el dióxido de carbono de la atmosfera, lo atrapa y mantiene fresco al planeta, así que en algún momento en la historia de la tierra posiblemente ase miles de millones de años, la vida tomo un papel clave en el ciclo del carbono que mantiene estable la temperatura de la tierra, y desde luego los seres vivientes reaccionan a cambios en la luz del sol, que al aumentar su energía la vida floreció extrayendo mas dióxido de carbón de la atmosfera, eso redujo gradualmente el efecto de invernadero, e impidió que la tierra se sobrecalentara, la vida a desempeñado este papel crucial en el control del clima, tal vez podamos comenzar a contestar la pregunta con la que empezamos, lo que hace a nuestro planeta especial, sobre todo una asociación única entre la tierra, y los seres vivientes, esa asociación puede ser vista aquí en la tierra o en los volcanes en su centro se encuentra la energía interior del planeta que acciona la tectónica de placas y el vulcanismo de la tierra durante toda la historia de la tierra la lava que proviene del centro de la tierra han sido una de las fuerzas que impulsan la evolución, los seres vivientes somos los descendientes de aquellos que sobrevivieron a los cataclismos desencadenados por el planeta, es asombroso que a través del ciclo del carbono, la vida desempeña un importante papel al mantener la actividad de la tierra, colinas enteras de plantas por ejemplo son parte del ciclo del carbono del planeta, que comenzó aquí con gases liberados en la última erupción volcánica parte del dióxido de carbono que salió del volcán se fija en las plantas y si alguien las come parte de ese dióxido de carbono será exhalado el agua de lluvia lo disuelve y termina en el océano donde los seres vivientes lo usaran para hacer sus caparazones y finalmente formaran nuevas rocas en el fondo de océano o creta, con el tiempo la tierra sufrirá un a subducción y tal vez dentro de 100 millones de años el dióxido de carbono saldrá en la erupción de un volcán para completar su asombroso ciclo, durante millones de años esta asociación a controlado el nivel de dióxido de carbono en nuestra atmosfera, manteniendo el clima de la tierra en la estrecha zona donde el agua permanece en estado líquido sin congelarse como en marte, y sin hervir como en venus, a su vez el agua en estado líquido lubricado el movimiento de las placas y desde luego sin ella la vida sería imposible, vida para extraer el dióxido de carbono la actividad de los volcanes para regresarlo a la atmosfera y agua para mantener todo el ciclo funcionando nuestro mundo no es solo una roca girando en el espacio tiene un intrincado sistema donde los cambios, obedecen a el arquitecto divino nuestro padre, que no solo produce la vida en la tierra sino en todo el universo, vida es cambio el nacer el morir unidos en mi padre ANTE EL CUAL ME INCLINO HUMILDEMENTE ANTE SU ASOMBROSO PLAN EN CUANTO A LA FORMACIÓN DE LOS SISTEMAS SOLARES EN NUESTRO PRESENTE AL ENTENDIMIENTO.

PRALAYA SOLAR de la misma manera como cuando termina su ciclo, o lo que llaman pralaya. Solar ay muchas clases de pralaya. Pero se mencionan tres, el primero se llama ocasional o incidental. Causado por los intervalos de los días de brama y es la destrucción de las criaturas. De todo lo que vive, mas no de la sustancia la cual busca refugio para cuando se vuelvan a dar las condiciones. El segundo tiene su tiempo al fin de la edad del sistema solar, recordemos que aun el sistema solar es finito o transitorio. Y todo lo que existe se regresa al elemento de él que surgió, para dar vida como la conocemos, para ser remodelado en otro manvantara, o joven sistema solar, pues todo se trasmuta. El tercero, no concierne a los mundos ni al universo, solo a cierta clase de individualidades, el cual una vez alcanzado ya no ay más existencia futura, En ese manvantara o ciclo cuando el fin llega, los habitantes de la esfera superior existente, en derredor de la tierra física, buscan refugio con los pitris en la luna, para salvarse de la conflagración, el verdadero hombre, se va al absoluto manu inteligente, cuando la luna es alcanzada emigran a un nuevo sistema solar, con la tarea aprendida. Recuerda el nivel que alcanza la humanidad, en cuanto a conocimiento e inteligencia, jamás retrocede, el mundo espiritual no se destruye se va a su punto de origen, que es el absoluto, la energía divina o dios como queráis llamarle para repito, volver a un sistema solar naciente, con la experiencia adquirida, en la tierra avanza más en su nuevo orden, pero antes de esto nos falta un ciclo en júpiter de lo cual hablare más tarde. Pralaya solar quiere decir cundo la energía que alimenta al sol empieza a dejar de hacerlo el sistema solar con todos los planetas entra en disolución paulatina envejece y muere. Pero qué pasa con los elementos al entrar en caos, como en su nacimiento. Nubes gigantescas llenan el espacio. PRALAYA O AGONÍA DEL SISTEMA. SOLAR AQUÍ VAMOS el sol empieza a crecer a aumentar su calor provocando lo que llamamos calentamiento global el agua se vaporiza la tierra es despojada de su enfriamiento natural por medio de los mares empieza a subir en forma de vapor aunado a esto al tener menor resistencia el núcleo de fuego de la tierra surge al espacio exterior el fuego interno de la tierra arde sin control generando un descontrol total de los ciclos que avía dado el orden para la vida al tiempo los químicos que desprende el fuego

en el espacio se convierten en nubes toxicas acabando
con la vida en la tierra es el principio y la vida en la
tierra como la conocemos a llegado a su fin y
Descargando mucha agua llueve sin interrupción,
apagando los volcanes de fuego de la tierra,
paulatinamente durante cien años divinos se inunda
el mundo estas gotas cayendo tan grandes cubren toda
la tierra, terminando con la vida, el mundo se envuelve
en la oscuridad, todas las cosas animadas no existen
más, LA NOCHE DE BRAMA REINA SUPREMA, sobre
la desolación, esto es un PRALAYA SOLAR. Cuando las
aguas alcanzan las moradas de los 7 siete rishis y el
mundo nuestro sistema solar es un océano, se detiene
el halito de Visnú, y se convierte en viento tempestuoso
que sopla durante otros cien años, hasta que todas las
nubes, son dispersadas, entonces el viento es
reabsorbido por el que ase todas las cosas, reposa
cuando el espíritu universal revive. Las aguas absorben
la propiedad de la tierra, que es el rudimento del olfato
la tierra privada de esto, Principia a destruirse, se
convierte en una con el agua, cuando todo es
compenetrado. El elemento del fuego consume su sabor
rudimentario, y las aguas mismas son destruidas se
convierten en uno con el fuego, y el universo por lo
tanto se llena con la llama etérea, que gradualmente
se extiende sobre todo el mundo, Mientras que el
espacio es una llama el elemento del viento, se apodera
de La propiedad rudimentaria o forma que es la causa
de la luz, y está habiendo sido retirada todo se convierte
en la naturaleza del aire, habiendo sido destruido el
rudimento de la forma, y hallándose el fuego privado

de su rudimento el aire, extingue al fuego, y se extiende sobre el espacio que es privado de la luz, cuando el fuego se sumerge en el aire, el aire entonces acompañado del sonido que es la fuente del éter, se extiende por todas partes, en las diez regiones hasta que el éter se apodera del contacto su propiedad rudimentaria por medio de cuya perdida es destruido el aire y el éter O kha permanece sin modificación, privado de forma gusto tacto y olfato in corpóreo murti, y vasto compenetra todo el espacio el éter, O AKASA cuya propiedad característica es el sonido la palabra existe sola ocupando todo el vacío del espacio, entonces el origen de todos los elementos devora el sonido, los dyan choans todos los elementos existentes tanto física como espiritual son sumergidos en el absoluto, para resurgir en otro día de formación. El punto de todo esto es dar una idea general de la formación del sistema solar, nuestra tierra nuestra barca solar de la cual el timonel es dyaus pues repito toda vida humana tiene influencia de todo, es coparticipe en todo lo único individual que le une directamente a la tierra es que el cuerpo físico es moldeado con los materiales de la misma. Mas recuerda el espíritu divino y el alma se mueven dónde consiguen un receptáculo para su fin el orden esta y ese forma una memoria en todo el proceso, y aun cuando ahora seamos de esta manera, en las tablas cósmicas ya estamos diseñados al tope de la perfección, hasta el tope de este ciclo o día de brama La tierra solo sigue o plasma lo que tiene en sus ordenadores inteligentes, ahora de dónde venimos y a donde vamos, del fuego físico del sol se formó una especie de memoria, e inteligencia divina que comanda toda acción, en todo lo que sucede dentro del núcleo, que ocupo en su totalidad alguna vez la nebulosa, y tiene sus regentes o soldados ángeles pitris etc. Y la inteligencia la recibe, de mercurio es el distribuidor de la misma o regente principal de la barca solar, el sol trabaja más directamente con mercurio venus la tierra marte y la luna, pues la luna es mayor y la madre espiritual de la tierra. En la misma se encuentran las tablas esmeraldinas de toda vida pasada presente o futura, de las monadas, de echo antes de tener un cuerpo físico en la tierra, fuimos formados en la luna o moldeados, pitris el verdadero ser de no ser. Luna la madre sol el padre, mercurio el proceso de la vida se regula o se maneja de esta manera, el sol trasmite energía directa a todos sus hermanos pero hablamos del sol físico, detrás de esto existe la inteligencia que regula y distribuye la energía inteligentemente, por medio de mercurio, podemos decir que mercurio es brama, por el hecho de que el sol mismo necesita su propio almacén de energía independiente, su propia combustión y al aventar energía fuera de su núcleo tiene que tener un regulador, de la misma en su camino si no la vida sería imposible por los cambios térmicos y las explosiones inmensas en su núcleo saliendo a la superficie, así que mercurio es quien para, o recibe diferentes cantidades y aun con excedentes, solo trasmuta a la luna la tierra a venus y a marte lo necesario, para que exista la vida, de modo que la santísima trinidad es mercurio, venus, la tierra, los activa o regula, este manvantara mercurio establece un puente entre la tierra y venus o un

triángulo que se convierte en la estrella de David al
unir al mismo la luna y el sol de modo que estamos en
el quinto principio o en la quinta mansión la sexta será
Júpiter que al presente está en formación para la vida,
júpiter hoy está, en estado crítico, y la séptima o ultima
será el sol mismo todo vuelve al mismo lugar y el sol
al apagarse en gran medida será uno con todos, ya se
abra comido a la tierra por su propia expansión
gigantesca, más te digo que el verdadero hombre o el
plan completo será terminado y ejecutado en el sol
mismo, de ahí el ser humano ya no como lo conocemos
sino con vestiduras más resistentes al espacio exterior,
partirá a otras latitudes llevando consigo toda la
experiencia adquirida en este manvantara, entonces
los seres humanos estamos predestinados a poblar el
universo por siempre, y a tener vestiduras más
resistentes, el universo es infinitamente gigantesco y
nosotros los seres humanos llegaremos a tener cuerpos
gigantescos, para defendernos mejor en la vía láctea,
ahora vamos por partes el primer hijo hermano del sol
con conciencia finita y eterna, se da en mercurio es la
primera mansión o casa de la deidad o brama, en
cuanto a nuestro nivel debo recordarles que solo
trataremos en este libro, la formación del sistema solar
completo y la consecuencia de esto la vida humana,
los seres top del proceso, entonces lo básico es nuestra
relación con el sistema solar, de la manera más sencilla
en explicaciones, entonces el primero que toca y
procesa el sol es mercurio trasmuta o regula es pues
el maestro físico de la inteligencia divina al nivel del
macrocosmos al microcosmos, nuestras mansiones,

porque el hombre está constituido tanto física como
mentalmente de todo el sistema solar somos el prototipo
más avanzado en lo que llamamos un día de brama y
hoy nos toca vivir en la tierra porque las condiciones
son propicias, para que el físico reciba el espíritu divino
inmortal y el alma mortal el soplo, pero la VIDA NO SE
REDUCE A LA TIERRA COMO PENSAMOS, la vida
trasmuta donde se generan las condiciones, y existe
permanentemente en el universo, solo que estamos
limitados para entender el proceso completo, por la
enajenación a que hemos sido sometidos por miles de
años, más te digo tu eres eterno y has vivido en miles
de cuerpos físicos en la tierra y antes en la luna venus
mercurio el sol para entender mejor el proceso del ser
humano como lo conocemos, nace del sol y repito su
primera mansión es mercurio la segunda es venus en
la tercera se forma un triángulo ya que cada uno de
ellos es una fuerza con un contenido o parte para la
formación del ser humano, venus marte la tierra y su
regente mercurio es al momento los elementos ya
utilizados por la inteligencia marte cumplido un proceso
para servir al plan inteligente, venus está activo
actualmente en combinación con la tierra, entonces
vivimos el cuarto principio porque somos consecuencia
de mercurio primera mansión o unión en plan de
construcción de la inteligencia divina con diferente
vestidura, pero de ahí procedemos, las primeras chispas
divinas tomando conciencia de sí mismas, ahí nace la
mente o el sistema solar conociéndose a sí mismo repito
mercurio trasmuta su fuerza a venus marte y la tierra
la distribución los polos ocurre a nivel físico consiente,

en venus y la tierra venus es macho positivo, y la tierra es hembra negativo, en los estados físicos y positivo en los espirituales, en concreto el cascaron de la tierra es negativo, el éter que le rodea o campo electromagnético es consecuencia o producto directo de venus y su regulador es mercurio entonces la condiciones para la vida se dieron o son producto de los miles de años, que han procesado cada uno de ellos cuando un planeta termina un ciclo empieza a morir físicamente más al pasar de la mediana edad y declinar trasmuta sus principios para continuar la espiral ascendente de una inteligencia a otra mayor entonces se entiende que actualmente somos el producto de lo ya vivido [por esos planetas, pralaya la disolución de nuestro sistema solar cuando el combustible que le alimenta deja o le abandona lentamente la energía universal trasmuta y todo tiene su final EN EL MUNDO FINITO A ESTO LE LLAMO LA NOCHE, se oyen ruidos extraños de todas partes, estos son los precursores del fin de la noche de brama, el sol se oculta detrás de macara y no volverá a alcanzar el signo de la mina o el pez, los iluminados pueden romper sus conocimientos ya de nada le sirven el fin de sus dioses se acerca, y no quedara piedra sobre piedra, la conciencia absoluta se aleja, ya no tiene material disponible el caos se apodera del sol, y los planetas gradualmente palidece la luz el calor disminuye, los lugares inhabitados en la tierra se multiplican, el aire se rarifica más y más, las fuentes se secan los grandes ríos ven exhaustas sus corrientes el océano muestra su fondo arenoso y las plantas mueren, los hombres y los animales disminuyen diariamente de tamaño la vida y el movimiento pierden diariamente su fuerza, los planetas apenas pueden gravitar en el espacio uno por uno se mueren, o extinguen como una lámpara que surya se cansó de alimentar el sol fluctúa y se apaga la materia entra en disolución pralaya y brama se sumerge de nuevo en dios habiendo cumplido su tarea se duerme otro día a pasado, vuelven a entrar de nuevo los gérmenes de todo lo que existe en el huevo áureo de su pensamiento, y reposa reprogramándose una vez más durante la noche para volver a surgir cuando la materia o el nuevo destino esté listo para su peregrinaje eterno, con todo lo aprendido en el manvantara anterior, toma posesión directa en el momento adecuado a su inteligencia, mas ya sus sirvientes han abonado el camino los butas, para ese momento han vivido miles de años dispuesto la mesa el rayo divino se hace presente y busca por inercia u ordenadores presentes en ella cuerpos acordes a su inteligencia, en cuanto a los elementales se apodera de ella más son espíritus no consientes son los sirvientes de la naturaleza, y la inteligencia consiente espera su momento para retomar su actividad ya que la inteligencia divina no retrocede en cuanto a sus apariencias físicas aun el espíritu busca la aparente belleza física para mostrar sus avances, la luna se dice que la vida espiritual viene de los pitris o antecesores lunares que somos pues la síntesis de esa vidas anteriores con cuerpos más etéreos demos un poco de luz sobre esto, cuando la tierra está en formación es un caos solamente los elementales espíritus sin mente ya se encuentran en la misma, ya pues la rasa chaya se encuentra en ese punto lo que quiere decir es que las rasa yacían inertes en cuanto a libre albedrio comandadas en y por la inercia de la naturaleza.

Pongámoslo de esta manera la vida es compuesta por la TIERRA NEGATIVO VENUS POSITIVO LA LUNA EL BALANCE, que toma los dos polos y trasmite los principios de un espíritu inmortal, en un cuerpo físico transitorio y mortal, la luna es el trasmisor del creador de la vida, en cuanto a los principios que poseemos, ahora la gente se confunde cuando se dice que la luna regula las mareas la vida en la tierra, las cosechas bueno tiene influencia en casi todo, en la tierra, mas no es directamente el creador de la vida, se utilizaron sus principios para la obra, diremos el tercer escalón, antes del cuarto, la monada se desplaza utilizando los elementos de que dispone en su viaje interestelar, y su parada anterior fue u ocurrió en la luna . . . los principios fueron creados separados, son las partes tanto físicas como espirituales, y han venido a unirse en la tierra, para crear al ser humano de carne y hueso alma y espíritu, entonces el hombre tiene su asiento de la inteligencia o las tablas registros de todo lo que hace en la luna, porque la luna tiene esa función, que le ha sido encomendada por el absoluto, es pues nuestra madre visible y de echo al morir físicamente regresamos a ella para retomar un nuevo cuerpo en la tierra, pero antes del retorno tenemos que ir dejando las pieles que componen al ser humano cada con su cual cuando el espíritu y el alma vuelven a la luna ya se han separado de todo principio físico el alma con todas sus reencarnaciones tiene que entrar a los registros que son llevados de su vida en la tierra, para mejor entender los registros llevan la cuenta del alma desde que se diferencia en mercurio, entonces cada monada es absoluta y al mismo tiempo independiente en cuanto a sus propios méritos de avance el alma se queda a recibir del maestro la guía, la monada que le anima no puede atrasarse en cuanto a la evolución de los principios que le crean, entonces el eterno vigilante toma sus cargas de esa vida pasada en la tierra y la prepara espiritualmente para su avance el espíritu y el alma se separan en la luna, porque el viaje del espíritu es más largo él tiene que ir a fundirse con el absoluto su creador entonces el espíritu al morir el cuerpo tiene un viaje fantástico e imposible de conseguir cuando está atado a la carne, y por el principio al morir el ser el aire toma para si el agua para si la tierra para si

El éter o la electricidad para si el alma se separa del espíritu en ese proceso ya que puede ir donde el espíritu directamente parte a la luna su madre que pose los ordenadores de sus vidas. el espíritu es atrapado por el aire y pasa un tiempo en derredor de la tierra integrándose o revistiéndose de los principios actuales de la misma, lo que quiero decir es que debe tomar la edad cósmica del sistema solar para no atrasarse en su inteligencia evolutiva cuando toma la edad del padre es atrapado por los volcanes de aire que van al centro de la tierra los que son en absorción y procede su viaje al fuego, en el centro de la tierra, ahí se fusiona con el fuego y ase lo mismo toma la edad del fuego o su edad al cumplir es disparado a venus y se reviste o sea lo mismo al terminar el proceso vuelve a mercurio y de mercurio

al sol ahí se integra al todo se funde en los abismos del
fuego para volver totalmente puro, y con la edad del
padre las chispas divinas o ángeles solares al terminar
su aprendizaje y fusión con el absoluto le explican que
va al padre pero que volverá y es disparado al universo
en grupo pero siendo independiente ahí vive, viene a ser
el no ser el absoluto, su viaje es fantástico puede volar
desplazarse en el universo con limitantes, para no ser
atrapado por corrientes distintas, se pude desplazar
dentro de sus límites si se sale pude desaparecer o ser
atrapado en otra corriente y no volver a reencarnar.

Cuando termina es mandado a la luna, vía el sol
espiritual vía mercurio espiritual a la luna ya ahí se
reencuentra con el mismo con su alma la misma que
dejo temporalmente.

El alma tiene que quedarse porque de ir en el
viaje perecería todas sus memorias u su avance se
dificultaría a no existir registros de sus vidas pasadas la
naturaleza lo que vive esta o se mueve por la inteligencia
que le comanda recibe órdenes y las procesa en bien
de la comunidad, así el hombre al volver debe de
poseer la experiencia de sus vidas pasadas para seguir
avanzando en su camino a ser preparado con vestiduras
físicas para resistir las fuerzas físicas del universo en
su paso por la vida actual y futura de la monada que
le anima. Ahora vamos con el básico o limitante de mi
pobre entendimiento, donde todo comienza para este
humilde traductor de ideas y para no agotar con ideas
fuera de orden en cuanto al servicio de estos escritos,
para nosotros los seres humanos lo básico de estos
escritos es tomar conciencia de la vida maravillosa

que poseemos somos dioses pequeños y gigantescos, divino dyaus arquitecto divino. Las estrellas bueno sabemos que existen millones de ellas en el universo, y según la ciencia y los anales prehistóricos de ahí de la maduración o vida y muerte de sus elementos, procede la vida como la conocemos, o lo que es lo mismo, la vida toma conciencia de sí misma y bueno la estrella cumple su ciclo de vida para dar forma a otras formas que es la función de la materia sólida y líquida en el universo. De los restos de esa estrella se formó la nebulosa, que dio origen a la vida. En un principio era una masa, como dijimos de los restos de una estrella con gases polvo interestelar y sólido, una masa rotando en el espacio compactándose cuando esta lista sobreviene la explosión del material el núcleo se separa el sol y empieza la división o formación de los planetas en derredor del centro electromagnético para formar una familia en expansión o crecimiento recuerda que todo el proceso es transitorio y mortal en cuanto al principio que le crea la conciencia, para conocerse a sí misma, toma los materiales a su alcance y los desecha entonces el verdadero ser humano o la monada que le anima es viajera y eterna en los espacios del tiempo inexistente o existente solo en el mundo de venir a ser de la manera como nos vemos al momento en cuanto a lo físico pero no ay nada que resista el venir a ser un segundo es absoluto y eterno y permanentemente transformable recuerda que el rudimento del hombre habiendo sido creado por el aire se convierte más adelante en el hombre perfecto, cuando con el desarrollo del fuego espiritual "el noúmeno de los tres en uno" dentro de su yo, adquiere de su yo interno, o instructor, la sabiduría de la conciencia de sí, que no tiene en el principio así, pues aquí también el espíritu divino esta simbolizado por el sol o el fuego; el alma divina por el agua y la luna representando ambos el padre y la madre el alma humana o mente, simbolizada por el viento o aire, pues alma o peunema significa soplo; en concreto lo superior se pone de acuerdo con lo inferior para crear al hombre obra maravillosa. El punto culminante de la obra es el hombre espiritual perfecto a un extremo de la línea, la unión de los tres elementos es el solvente oculto en el alma del mundo, el alma cósmica o la luz astral al otro extremo y, en el plano material es el hidrogeno en su relación con otros gases,

Azufre mercurio sal, flama natura mater, espíritu agua sanguis estos todos son cuaternarios o compuestos por el cuarto su hacedor el fuego el espíritu más allá de la naturaleza manifestada, el soplo ígneo de su unidad absoluta. En el universo manifestado es el sol central espiritual, el fuego eléctrico de toda vida. en nuestro sistema, el sol visible el espíritu de la naturaleza el dios terrestre y en sobre y en derredor de la tierra, el espíritu ígneo de la misma, aire fuego fluidito agua fuego liquido ; tierra fuego sólido, todo es fuego ignis en su constitución ultima el nuestro concepto el juego es el creador el destructor y el preservador el fuego es un fuego consumidor la base de la existencia misma del venir a ser y sus principales dioses secundarios o naciendo de él son agni ignis y surya ; el fuego el aire y el sol tres grados ocultos del fuego el fuego o isvara, que reside en todo ser mortal, y pone en movimiento por sus poderes sobrenaturales todas las cosas que suben la rueda del tiempo, o el venir a ser el absoluto ser, recordemos que antes de tomar las formas físicas los hombres de la primera rasa fueron simplemente las imágenes los dobles astrales de sus padres, que eran las avanzadas o entidades más adelantadas de una esfera anterior, aunque inferior cuyo cascaron es la luna, pero este cascaron es todo potencial la luna habiendo engendrado la tierra por su afinidad formo a los primeros moustros pre humanos en cuanto a lo físico la luna omoroka fue la que presidio sobre los moustros pre humanos antes de ser muertos por los dhyanis la ley de evolución obligo a los padres lunares a pasar en su condición monadica a través de todas las formas de vida en este globo y al final de la tercera ronda eran ya humanos en su naturaleza divina y por esto fueron destinados a ser los creadores de las formas la naturaleza construye y destruye perfeccionando las formas anteriores es una constante de una perfección a otra mayor la luna diseño o fue el panel donde se plasmó la idea a seguir en la tierra pero las formas tienen que pasar por mérito propio no pueden saltar, y son metales primero segundo plantas tres animales cuarto humanos quinto dioses antes de nosotros existió una raza muda pre humana se le llamaba los hijos de yoga por no poseer pensamientos o no estar preparados para almacenar la información ya constituida en el diseño original creado en los anales de los escribientes, recuerda que el prototipo humano está muy lejos de su perfección final en este proceso el prototipo ya está terminado solo se necesita el venir a ser o la consumación de más energía solar por ejemplo tenemos que tener muy en cuenta que el sistema solar se asemeja a un gran tanque de combustible alimentado de fuera por su creador pero el recipiente tiene un desgaste natural e irremplazable en sus principios en nuestros ciclo, y tiene un principio y un fin, entonces el prototipo es diseñado para este tiempo o ciclo, ay un diseño universal para la monada pero eso es a nivel cósmico y hablamos principalmente de la monada en la tierra monada abarca todo lo que es vida ya sea metal planta animal y humano, entonces como las estrellas para dar vida a la nebulosa tienen que morir en cuanto a lo físico, pero de echo las monadas de nosotros son las mismas que animaron esa estrella madre de nuestros principios físicos, entonces descendemos físicamente de una estrella aprendamos origen de vida es complicado pero el análisis simple te lleva al camino que hemos recorrido, igual la luna trasmuto sus principios a la tierra para la vida, como la entendemos pero la vida conociéndose así misma va avanza, la tierra terminara por morir físicamente pero sus principios o la monada trasmuta en su espiral ascendente en pos o preparación para vivir conscientemente en el universo, somos solo el prototipo de la criatura que se va a mover universalmente dios tiene un plan divino extraordinario si podemos concebir una bola de niebla ígnea, rodando durante evos de, tiempo por los espacios interestelares convirtiéndose gradualmente en un planeta en un globo con luz propia para establecerse como mundo o tierra morada del hombre, habiendo pasado así de cuerpo plástico blando a globo de rocas, y si vemos todas las cosas evolucionar en este globo, desde el punto gelatinoso sin núcleo que se convierte en el sarcode de la monada de la mónera pasa desde luego de su estado protistico a la forma animal hasta adquirir la de un gigantesco monstruoso reptil de los tiempos antiguos reduciéndose de nuevo al tamaño de cocodrilo enano, la monada tiene que tomar el tamaño que tendrá a los finales de este ciclo para dejar impresa su ordenación final retrocede solo para tomar conciencia de sí misma pero el prototipo gigantesco será los últimos tiempos de nuestro ciclo en su edad de oro antes de que las rasa empiecen de nuevo a decrecer, para ya no ser más a esos tiempos el compás y el circulo ya no será más nada será necesario el fin se acercara para dar un nuevo comienzo a la monada a un nivel cósmico más elevado, más te digo aún nos falta trasmutar a la vida a júpiter en nuestra perfección en este, man vantara, esta palabra es el ciclo completo de la duración del sistema solar su nacimiento juventud y vejes pralaya es el fin de esto solamente cuando el sistema que nos formó entra en disolución final le llamamos pralaya solar ya iremos a eso más adelante, retomando la luna la misma es la madre espiritual de la tierra y sigue trasmutando sus principios espirituales a la misma, es el almacén o archivo de toda vida pasada en este planeta y nuestros seres al morir van a ella de forma espiritual como seres desencarnados a descansar y a tomar lecciones de vida, en cuanto a lo ordenado por la deidad la vida misma se encuentra indisolublemente unida a ella solo que confundimos el cuerpo físico con la vida con el yo, con la inteligencia, no discernimos que el cuerpo físico solo es el revestimiento del ser infinito y verdadero, debemos saber ver detrás de esto, la carne es solo carne útil para la manifestación de la inteligencia divina en este plano de apariencias más tu eres espíritu puro diremos somos ángeles solares la máxima creación en este manvantara, por eso el comportamiento en cuanto al ser en esta vida, no obedece tanto a las leyes humanas realmente lo que le beneficia sino al espíritu, todo echo por hombre, es echo por el espíritu comanda y dirige por lo mismo la ley de causa y efecto, toma su orden lo que llaman la ley del karma, el espíritu debe mantener el equilibrio en cuanto al bien y el mal y decidir su propia inclinación, existe confusión porque se dice que de echo somos pecadores al caer en la vida o al tomar el espíritu cuerpo físico de la tierra, pero el espíritu tiene la capacidad de tomar para su avance espiritual o su estancamiento debemos recordar que las fuerzas inteligentes de la naturaleza utiliza o necesita todo espíritu en sus procesos selectivos, entonces depende de ti quedarte y servir de fuente para otros, o abrasar el espíritu que avanza por su propio mérito y es su deber desanimalisarse cada vez más, en cuanto a su propósito de avanzar entre las móneras o monadas más evolucionadas, para ser consideradas es una selección natural aun de la vida espiritual, cuando una monada o vida no hace lo que le beneficia muchas veces lo sabe y trata de no entenderlo, no es tanto el bien el mal es su propio entorno lo que crea condiciones adversas tiene su oportunidad y la desperdicia, recordemos que el alma humana y el espíritu es la fuerza directora de los elementos cósmicos y terrestres. Reside en el fuego sacado de su estado latente a la existencia activa pues la totalidad de la siete subdivisiones del principio residen el fuego terrestre gira en la brisa, sopla con el huracán y pone al aire en movimiento, el cual participa también de uno de sus principios, procediendo cíclicamente o por turnos regula el movimiento del agua, atrae y repele a las olas de acuerdo con leyes fijas de las cuales su séptimo principio es el alma animadora, sus principios superiores cuatro contienen el germen que se desarrolla convirtiéndose. En los dioses cósmicos, y sus tres inferiores, producen las vidas de los elementos elementales,

En nuestro mundo la solar la existencia una es los cielos y la tierra la raíz y la flor la acción y el pensamiento está en el sol y esta del mismo modo presente en la luciérnaga, ni un átomo puede escapar a la misma por eso los antiguos pensadores, hablan del sol como el dios manifestado, en la naturaleza, siendo este el motor actual de las monadas los pitris los ángeles etc. todo físico espiritual corresponde a él en cuanto a la formación actual, como ya se ha dicho que para convertirse en consiente de sí mismo, tiene el espíritu que pasar por cada uno de los ciclos de existencia, que culminan en su más alto punto en la tierra en el hombre en el espíritu per se, es una abstracción inconsciente su pureza es inherente no adquirida por el mérito, de aquí, como ya se ha dicho que para convertirse el más elevado dhyan choans es necesario para cada ego alcanzar la plena conciencia como ser humano, es decir consiente, que para, nosotros se allá sintetizado en el hombre, ningún espíritu de hombre puede pertenecer a la jerarquía divina a menos que el mismo se allá unido a nepesh o el alma viviente en sí mismo hasta su identificación ella tendrá el conocimiento real de si Esto significa que el estado puramente nirvanico, es un retorno del espíritu hacia la abstracción ideal de la seidad que no posee ninguna relación con el plano en el cual nuestro universo está cumpliendo su ciclo hemos tocado un poco sobre las monadas de donde procedemos, y bueno aquí vamos dijimos que las evoluciones monadicas o la vida proceden de la luna debe tenerse en cuenta que la filosofía rechaza el dogma de un alma nueva para cada nuevo nacimiento en la economía de la naturaleza existe un número limitado de ellas que evolucionan y van siendo más y más perfectas por medio de la asimilación de muchas personalidades sucesivas en cada nuevo manvantara, aquí nos ocupa solo el manvantara anterior, no en cuanto al ciclo completo solo en cuanto a la evolución monadica transferida de la luna nuestra madre a la tierra, así pues aunque las monadas en menor o mayor progreso sean casi incalculables son sin embargo finitas como lo es todo en este universo de diferenciación y finitud.

El ocultismo divide los periodos de reposo pralaya en varias clases hay el pralaya individual de cada globo al pasar la humanidad al próximo, siete pralayas menores en cada ronda y el pralaya planetario cuando se han completado siete rondas el pralaya solar cuando todo el sistema concluye y finalmente el pralaya universal

la conclusión de la edad de brama ahí muere nuestro
dios para convertirse en el absoluto,

Cuando la luna está dispuesta las primeras
monadas llegan a ella de mercurio así sucesivamente,
siendo siete tipos los que componen el proceso cuando
las monadas han cumplido su ciclo, las primeras en
haber llegado de mercurio ya han pasado por todo el
proceso han terminado su ciclo en la luna empiezan
a morir, y a trasferir sus principios a la tierra siendo
las primeras o más avanzadas y son primero metal
luego planta animal humano cada una de las monadas
trasfieren sus principios a la tierra entonces aclaro el
hombre proviene o es constituyendo desde la estrella
que formo su nebulosa hasta el hoy viajando antes de
formar parte de la luna, entre todos los planetas en
relación con el sol trasfiriendo energía, y cumpliendo
una función específica, para construir al ser que será
en la luna, luego en tierra nosotros tenemos relación
directa con todos los planetas del solar sistema, somos
de echo parte de ellos, la monada es pues un resumen
no de la tierra o el sol en independencia, no somos
un resumen del sol y los planetas relacionados con
la nebulosa de la cual fuimos parte pudiéramos decir
que la misma es nuestra nodriza antes de venir a la
vida como la conocemos los principios del hombre
se desintegran con el tiempo y son empleados de
nuevo por la naturaleza para la formación de nuevos
principios humanos, teniendo lugar el mismo proceso
en la desintegración y formación de mundos, la
hueste monadica pude ser conocida en tres clases 1
las monadas más desarrolladas los dioses lunares o

espíritus llamados los pitris cuya función es pasar en la primera ronda al través del triple y completo ciclo de los reinos mineral vegetal animal en sus formas más etéreas nebulosas y rudimentarias con objeto de revestirse de ellas y asimilarse a la naturaleza de la cadena reciente, formada en la tierra son los que alcanzan primero la forma humana la monada no es ella de este mundo o plano pudiera compararse tan solo a una estrella indestructible de luz y fuego divino arrojada a nuestra tierra como tabla de salvación para las personalidades en las cuales reside a estas últimas les toca asirse de ella y participando así de su naturaleza divina obtener o comprender de inmortalidad que poseemos al identificarnos con lo que somos, la monada no se uniría a nadie pero lo mismo que la tabla es arrastrada a otra reencarnación incesantemente por la corriente de la evolución, ahora bien la evolución de la forma externa o cuerpo en torno del astral es producida por las fuerzas terrestre, originadas como ya lo dije por el sistema solar completo, lo mismo que los reinos inferiores, pero la evolución del hombre interno o real es puramente espiritual ya no es el paso de la monada impersonal, al través de muchas formas y variadas de materia, dotadas lo más con instinto y conciencia en un plano por completo diferente, como en el caso de la evolución externa, es un viaje del alma peregrino al través de estados diversos no solo de materia, sin de conciencia y percepción, propias o de percepción del conocimiento interno la monada emerge de su ego con un campo de acción más vasto estado de inconciencia espiritual e intelectual, y saltando los dos planos primeros próximos a lo absoluto, se lanza directamente al plano de la mentalidad y no existe en el universo ningún plano con margen más amplio o con un campo de acción más vasto en sus gradaciones casi interminables de cualidades perceptivas y de percepción del conocimiento interno el cual tiene a su vez un plano apropiado más pequeño para cada forma desde la monada mineral hasta que llega el tiempo en que esa monada florece gracias a la evolución en la monada divina, pero durante todo el proceso es siempre la misma diferenciándose solamente en sus encarnaciones al través de los ciclos según asciende a los reinos de la espiritualidad mental o desciende a los abismos de la materia, cuando la monada se convierte en humano toma conciencia de si se enlaza el rayo divino del conocimiento de si, se enlaza el rayo atmico y se convierte en su vehículo, o sea que budhi despierta a un conocimiento interno entrando así en el primer peldaño de la escala septenaria de evolución que le conducirá eventualmente al décimo contando desde lo más inferior hasta arriba del árbol sephirotal la corona.

Todas las cosa en el universo, siguen la ley de analogía como es arriba es abajo el hombre es el micro cosmos de macrocosmos lo que tiene lugar en el plano espiritual, se repite en el plano cósmico, en resumen así como la monada es una, universal ilimitada, e indivisa cuyos rayos forman lo que nosotros en nuestra ignorancia llamamos monadas individuales, y ahora unas pocas palabras mas sobre la luna que son las monadas lunares de las cuales se acaba de hablar

habiendo terminado su ciclo de la vida en la cadena
lunar, que es inferior a la cadena terrestre se han
encarnado en esta última añadiendo algunos detalles
más nuestro satélite es tan solo el cuerpo grosero de
sus principios invisibles si consideramos pues que
existen siete tierras o principios que rigen la vida del
mismo modo deben existir siete lunas de las cuales
tan solo una es visible lo mismo sucede con el sol a
cuyo cuerpo visible se le llama un malla, una reflexión
justamente como es el cuerpo de hombre el verdadero
sol o luna o tierra o hombre son tan invisibles como
el hombre real, la luna es pues quien representa el
papel principal y de mayor importancia tanto en la
formación de la tierra misma, como en lo referente
a poblarla de seres humanos las monadas lunares o
pitris los antecesores del hombre, se convierten en
realidad en el hombre mismo, son las monadas que
entran en el ciclo de evolución en el globo a de la tierra,
y que pasando en torno de la cadena desenvuelven la
forma humana, al principio del estado humano de la
cuarta ronda en este globo ellos exudan sus dobles,
astrales, de las formas parecidas al mono que han
desarrollado en la ronda tres, y esta forma sutil más
delicada es la que sirve como modelo en torno del
cual la naturaleza construye al hombre físico estas
monadas o chispas divinas son así los antepasados
lunares los pitris mismos ; pues estos espíritus lunares
tienen que convertirse en hombres, con objeto de que
sus monadas puedan alcanzar un plano más elevado
de actividad y de conciencia propia, o sea el plano
de los manasa putras, los que dotan de mente a las

envolturas inconscientes creadas y animadas por los
pitris en el último periodo de la tercera raza raíz en la
luna, y del mismo modo nuestra tierra y egos de los
hombres después que nuestro globo cumpla su ciclo
separándose de su energía vital vaya evocado a la vida
a otros centros laya destinados a vivir y actuar en un
plano de existencia superior, de la misma manera los
antecesores de la tierra crearan a los que se han de
convertir en sus superiores, existe en la naturaleza
un triple esquema evolucionario para la formación de
los tres upadhis periódicos, o más bien tres esquemas
separados de evolución, que en nuestro sistema se Allan
confundidos y entrelazados por todas partes, estos son
la evolución monadica o espiritual la intelectual y la
física las tres son los aspectos finitos, o las reflexiones
en el campo de la ilusión cósmica de atma el séptimo la
realidad única 1 la monadica como el nombre lo implica
relacionada con el desarrollo y desenvolvimiento de la
monada en fases de actividad cada vez más elevada
en conjunción con lo intelectual representada por los
manasa dhyanis, los devas solares o los pitris los que
conceden inteligencia y conciencia al hombre, y la física
representada por los chayas de los pitris lunares en
torno de los cuales ha formado la naturaleza el actual
cuerpo físico, este cuerpo sirve como de vehículo para
el desarrollo y las trasformaciones por medio de manas,
y gracias a la acumulación de experiencias de lo finito
en lo infinito de lo transitorio en lo eterno y absoluto y
es lo que hace el ser complejo que es en la actualidad,
castor y Pólux el día y la noche la dualidad en el ser
humano lo mortal y lo inmortal, existe una alegoría

de leda como la esposa de tindaro que dio a luz de su esposo a dos hijos de corazón valiente ;castor y Pólux Júpiter los dota con un privilegio y don maravilloso son ellos semi inmortales mueren y viven por turno cada día alterno el día y la noche con una referencia más ligera en los himnos homéricos castor y Pólux, son el hombre dual el mortal y el inmortal así castor es el hijo del hombre mortal Pólux la progenie inmortal, se dice que en una revuelta de venganza Pólux mata a linceo aquel de todos los mortales de vista más penetrante pero castor es herido por idas el que ve y sabe Zeus pone fin a la lucha lanzando su rayo y matando a los dos combatientes Pólux encuentra a su hermano moribundo y en su desesperación invoca a Zeus para que le mate también Zeus le dice tú no puedes morir por completo tu eres de rasa divina pero te doy a escoger le dice vivirás eternamente en el olimpo o compartirás el destino con tu hermano en todas las cosas tendría que pasar la mitad de su existencia bajo tierra y la otra mitad en sus doradas mansiones celestes esta semiinmortalidad de la que también participaría castor es aceptada por Pólux y de este modo viven los dos hermanos alternativamente el uno durante el día el otro durante la noche, es esto una visión poética o interpretación de los mitos solares el hombre es dual pose una parte inmortal asociada al espíritu Pólux en tanto que castor es el hombre transitorio y mortal castor los pensamientos la vida en el mundo malla la mente,

Pólux la noche cuando cesan los pensamientos y queda como puente la conexión directa la parte inmortal del ser humano así que si queremos conectarnos solo debemos entender que ya estamos conectados, y vivimos las dos formas de vida por turnos en el día y la noche castor Pólux el día la noche, venus + positivo, la tierra—negativo, la madre la luna porque el magnetismo de la luna o afinidad con la tierra le mantiene girando de una manera perfecta haciendo posible el día y la noche la luna pues mantiene estable la tierra y hace posible el día y la noche para que la vida continúe en forma normal, el punto de este libro es el comprender y tomar conciencia que somos seres divinos, una reflexión de nuestro creador y si la materia muere solo vamos y venimos una y otra vez, hemos viajado desde tiempo inmemorial y somos parte de una estrella del sol de mercurio venus la tierra somos grandiosos de eso quiero que tomes conciencia porque el plan es increíble.

Ahora hablemos de la tierra, de su formación, la tierra en un principio era una bola de fuego ígnea revolcándose furiosamente en el espacio, así duro cientos de miles de años el hijo parido en secreto tocaba a su puerta, el espíritu divino le ocupaba con el objeto de hacerse consientes del mismo, una entidad revolviéndose furiosamente iba a dar paso a las divisiones, de agua el aire la tierra solida iba a servir de mesa puesta para la recepción de la raza humana la tierra vivió su juventud aventando furiosamente sus desechos al espacio de todo lo que consumía aventaba ceniza al espacio pero paso su juventud y lo que aventaba al espacio empezó a regresar a él el joven había pasado su juventud empezaba a declinar y su propia ceniza y polvo volvía a él había retomado la materia nacida de su propia furia, o fuego de la misma manera al haber mantenido tantos miles de años su fuego o su esencia había formado millones y millones de toneladas de agua que se le venían encima en forma de lluvia el primer diluvio universal estaba presente así la tierra se convirtió de un cuerpo blando en sólido y líquido, siendo en proceso una mescla de fuego, ceniza cayendo sobre si y el agua enfriando la ceniza, y convirtiéndola en materia sólida, aquello era el infierno mismo el núcleo de fuego empezaba a ser atrapado por su propio vomito al espacio, en concreto el núcleo de fuego quedó atrapado en el centro por sus propios desechos de los cuales se formó la tierra sólida y los mares el agua la virgen del mundo estaba ya presente, así quedaron constituidos los continentes y el mar o los mares, había sido atrapado en el núcleo la energía que le animaba más el hijo vive y se revuelve tratando de liberarse del peso de los mares y de la tierra, quedo prisionero sabemos que vive porque respira por los volcanes de aire de lava ardiente creando las montañas a un nivel más alto que el mar haciendo posible mantener los continentes más elevados en cuanto al nivel del mar la sal del mar vive tragándose la tierra solida desasiéndola con la sales que posee y el fuego del centro creando nuevas montanas es un ciclo que algunas veces tiene cambios bruscos, consecuencia natural de su proceso, considerando esto las primeras rasas que existieron, los lémures los atlantes los continentes perdidos se hundieron, en el fondo del mar, son una consecuencia lógica ya que en esa época existían bocazas enormes de volcanes y la tierra estaba más blanda, el sarcode la monada estaba blando la barca solar no había sido terminada, consecuencia de esto las primeras rasas perecieron por el fuego y por el agua, recordemos que en el principio tuvo que quedar una fuente inmensa de fuego, creando agua el exterior era el último estertor gigantesco del animal de fuego

antes de dividir sus salidas al exterior en volcanes más
pequeños dando paso así al enfriamiento paulatino
de la tierra, entonces en el mar se han hundido
continentes enteros en ciclos naturales, del proceso la
tierra mantiene un proceso ordenado por una entidad
inteligente, se mueve o desplaza en orden, cuando se
desbalancea al arrojar lava o materia el exterior llega un
día en que el desbalance mismo que se crea hace que
surjan tsunamis maremotos y más drástico cuando el
desbalance obliga a mover los eles de la misma que es
cuando sobre viene la destrucción total o casi total de la
vida humana en la tierra, pero está demostrado que de
esas destrucciones masivas surge una criatura humana
más elevada en todo principio, cada destrucción es para
una reconstrucción con mejores cimientos, tanto en lo
físico como en lo mental, como lo dije antes el hombre
se diferencia desde el momento en que se convierte en
metal ahí toma en la primera ronda, la más avanzada o
la que fue adelante en la luna al trasferir sus principios,
las rondas son siete estando en el quinto principio,
actualmente la monada al principio no es consiente o
no tiene conciencia de sí misma apenas es perceptible
pero ya tiene su orden en la naturaleza de principio al
final en esa ronda al terminar pasa a ser primero metal
después pasa a ser planta de igual manera recorre todo
el proceso ahí pasa a ser animal y después ser humano
no es al último que nace el ser humano en la escala
solo que hasta no estar lista la o el cuerpo físico, toma
posesión el nivel consiente, el hombre ha sido diseñado
desde un principio tal como es, la monada toma lo que
tiene para moldearlo pero el hombre real no es como le

conocemos hoy por ejemplo antes era más en rasgos y el inteligencia animalizado el hombre avanza tanto en lo inteligente como en lo físico al parejo razón de que la ciencia el conocimiento avanza siempre más y más el orden en el universo es programado para esto, entonces solo hoy y por unos cuantos milenios seremos de esta forma, pero el hombre cambiara sus vestiduras para mayor resistencia en su viaje, dentro del universo diremos que la monada se prepara al top de le que le ofrece el sistema solar y aún le falta muchos miles de años de existencia en este manvantara hasta completar el diseño impreso por la inteligencia divina solo ahí termina su proceso, ese día ya ni sirve ni el peso ni la medida y aun nuestros dioses mueren con nosotros para resurgir en otra sistema solar más inmenso que el que poseemos

El creador, o la absoluta conciencia, tiene un plan para generar a nivel conciencia o vida inteligente, conociéndose acercándose en un futuro venir a ser, y la vida no es solo de la tierra, a millones de años luz existen otros sistemas solares con vida, más y menos avanzados que el nuestro, sería estúpido pensar que la deidad que predomina en el universo solo tenga a la tierra como su centro experimental en cuanto a dar vida inteligente a la materia, es indudable que la vida está en todo el universo, pero al nivel consiente, en nuestros límites aún tiene sus fronteras impasables, por cuestión de nuestra nivel cósmico, pero indudablemente que seremos seres con cuerpos gigantescos, poblando el universo, diremos que como somos para la tierra que tenemos conciencia de la

misma y podemos recorrerla físicamente en una vida
física así el orden va en manera ascendente en cuanto
al nivel de asimilación e inteligencia y el prototipo ya
está diseñado como lo dije antes sería tonto ser los
únicos, en el universo tenemos seres hermanos en otros
sistemas con características algo diferentes por su edad
cósmica, y por el contenido de las nebulosas que les
formaron pero al final será el crisol de todos la semilla
dando fruto diremos que dios dará a luz un hijo pardo
en el universo al nivel de sus vestiduras para que tome
posesión de su casa el universo estamos predestinados
a poblarle y somos únicos en el punto en que toda vida
en el universo es malla o transitoria en cuanto a los
elementos que la conforman y aun las razas más
avanzadas terminan por perecer al paso, o término de
su venir a ser en el mundo maya, que sucesivamente
construye y destruye, los mundos como las percibimos,
o conocemos somos hermanos en el universo hijos del
mismo padre, y la misma madre, la llama fría la madre
eterna e inmortal, y el padre el fuego transitorio y
mortal, todo lo que crea el fuego es transitorio mortal
y al mismo tiempo inmortal por su esencia divina aun
fuera de nuestra conciencia lo que te digo, es que
nosotros llamamos vida a la naturaleza la vida animal,
la vida humana, o sea en cuanto tomamos conciencia
de la misma, pero vida es cósmicamente eterna
inagotable y no termine en los confines de la tierra el
universo vive y vive la tierra las estrella todo es vida en
el universo interestelar y somos parte de ella, aun
nosotros somos materia que ha venido de otros confines
del universo a formar la tierra, si analizas bien el punto

veras que somos más allá de esto que vemos por encima, en cuanto a la vida como la vemos o nos han ensenado a verla, debemos despertar para hacer la función para la cual fuimos diseñados, la vida tiene un propósito divino y el las tablas de dios padre existe un diseño inimaginablemente increíble y perfecto ya estamos diseñados para poder desplazarnos en el universo a mayores distancias es el propósito el punto es que debemos de tomar conciencia de que la formación para la vida, conociéndose a sí misma, en forma inteligente, es inherente en toda vida aun en términos universales los principios son universales tanto como los elementos se construye y destruye dentro de un proceso inteligente entonces somos hijos de una inteligencia universal parte de un todo mi parte espiritual un dios en potencia debemos entender el principio en cuanto a lo físico y espiritual recordemos que el origen de la vida se origina al morir o colapsar de una estrella al consumir su energía, no muere solo trasmuta sus principios, en cuanto a la inteligencia divina la vida es existente en todos los universos paralelos al nuestro solo que nosotros identificamos vida por la existente en la tierra pero la monada es eterna y universal sería ilógico que la expansión de los universos fuera independientes retomando el tema la estrella al morir forma lo que llamamos nebulosa una nube de gas polvo, metales etc. girando por la inercia, gira sobre sí mismo, y de eso se forma la nebulosa siendo en un principio un solo cuerpo, que al pasar a través de millones de años se fragmento quedando el sol en el centro y los planetas sus hermanos girando

por la fuerza en su derredor ya que la mayor parte de
la nebulosa termina siendo el centro de nuestro sistema
solar se dice que existen 7 siete planetas pero son 8
uno parcialmente oculto en el centro de la tierra y su
cadáver o partes desprendidas del mismo es nuestra
luna se dice que la luna es más vieja en cuanto a
formación que la tierra pero no en el lugar que existe
actualmente la luna y el centro de la tierra eran un
mismo planeta el más cercano al sol el hijo parido en
secreto por el padre en el reside el top u ordenador de
la voluntad divina es por decirlo así el hijo más
inteligente y avanzado de nuestro proceso, el planeta
x, al estar tan cerca del sol fue sacado de su órbita por
las explosiones solares y al paso de millones de años
colapso con la tierra que todavía no terminaba de
enfriarse por tanto todavía era un cuerpo blando capaz
de ser penetrado así el padre deposita el huevo en las
entrañas de la tierra para que la fecunde imaginemos
el planeta choco con la tierra y la atravesó pero la
mayoría de su masa quedo dentro de la tierra, el
impacto no tuvo que ser en el centro de la tierra pero
si entro de lleno en la masa de la tierra, la ciencia dice
que la luna es parte de ese planeta que choco en la
orilla de la tierra i desvió el eje de la misma a la
inclinación que hoy existe pero yo te digo antes de tal
choque la tierra no tenía luna i giraba sobre si sin
control la estabilización y inclinación de la tierra se dio
en el momento del impacto las partes del planeta x que
lograron atravesar la tierra son nuestra luna y la misma
la luna y el, campo electromagnético de la misma, es
la que mantiene a la tierra en la inclinación perfecta,

para la vida tal como la conocemos, entonces el núcleo de la tierra al momento del impacto traía o se mantenía con más energía, es más joven es más vieja piensa las estrellas hijos de la vía láctea nebulosa hijo de estrella sol hijo de nebulosa tierra hijo de sol hombre hijo de tierra hijo del todo poderoso nuestro arquitecto divino es muy importante tomar conciencia del hecho que la vida es universal, y escalonada y nosotros hemos procedido todas las formas anteriores de vida, somos la galaxia somos la estrella somos la nebulosa somos el sol somos los planetas somos la inteligencia intra cósmica universal si moriremos físicamente miles de veces pero igual viviremos eternamente, las monadas están prisioneras encadenadas a la vida de manera universal, solo tomando conciencia de tan grande portento dado a nosotros por nuestro padre, posiblemente dejemos de quejarnos de y entendamos el valor de cada vida, aún más de saber que somos el top de nuestro sistema, ALGUN DIA AVANSAREMOS DISCORIENDO EL VELO, somos pues eternos e inmortales el hombre es un dios, por el hecho de que la separación es solo un estado de conciencia, pero al desaparecer maya o el mundo de los sentidos, vuelve al todo universal y posee todos los principios, si podemos discernir o establecer la identidad real ser consientes en el accionar de manera global en cuanto a él orden del universo veremos que somos el universo mismo y nuestra constitución física es un diseño del maestro para que la conciencia del absoluto se conozca a sí misma, la vida podrá terminar en la tierra un día cualquiera pero ese modo de pensamiento debemos desecharlo pensar en grande globalizar el conocimiento de las experiencias de nuestros antecesores físicos en lo espiritual en la ciencia y en la conciencia absoluta la finalidad de este libro es eso es ampliar la perspectiva de los jóvenes en cuanto a su papel en la vida terrena hemos sido enajenados gobernados manipulados por unos cuantos es tiempo de despertar porque el que esto escribe sabe que no le corresponde mérito alguno en cuanto al ego personal pero debemos establecer una doctrina más sencilla la vida y sus procesos son sencillos solo ordenándolos pueden llegar a tener efecto masivo en la humanidad debemos despertar es el tiempo recuerda que tu hijo es tu padre y cuanto más tardéis más largo era el camino es tan triste ver tanta gente sonando en un futuro es más viviendo en el presente, con infelicidad sin saber que lo único que se debe vivir es el venir a ser lo que llamamos el presente de nuestros sentidos, si tomamos conciencia de lo frágil de nuestra existencia, y al mismo tiempo de lo inconmensurable fantástico e increíble de la vida misma aun en el mundo de las apariencias o mi dios no ay palabras para describir la belleza de cada momento en nuestra vida diaria vamos aprendamos avancemos que los abanicos se apagaran un día hoy es hoy y es todo lo que te pertenece hoy es dios en ti dar gracias.

La relación nuestra con los planetas nuestro padre diseño el sistema solar de tal manera que cada uno de los planetas. Tiene una función especificada para que nuestro cuerpo y mente sea de la manera que es, no ay nada al como sea todo tiene orden y función las funciones motoras y síquicas de la mente son una combinación perfecta de tales planetas la monada existe hoy físicamente en la tierra pero no es de la tierra solamente, ello orden de su diseño repito su diseño tiene que ver con los demás planetas de nuestro sistema solar el gusto el oído el olfato la Visión, toda percepción tiene su origen en el sol. pero diremos que el centro es el comandante en jefe, y ordena a un planeta producir el sentido de oído a otro el del gusto a otro de la vista a otro la inteligencia lo que quiero decirte es que en este proceso tu eres un diseño con partes de todos los planetas eres grande hermoso la joya en el loto, o lo mismo la joya más portentosa de toda la creación no solo de la tierra, de todo el solar sistema, se dice que tiene más sabiduría un elefante que ve su espejo en las aguas y se aleja creyendo que es otro elefante el que ve da forma todo el poder o evolución del poder converge en la tierra en los seres humanos cada uno de los colores del aura es mensajero dela luna era otro el planeta que le forma vibración color y sonido. Todos y cada uno de ellos tratan directamente con el sol en un continuo intercambio y el sol al recibir el pago lo trasmuta a la tierra por medio de paso 1 mercurio paso 2 venus paso 3

Tierra se dice que la luna trasmuta todos sus principios de vida a la tierra y que es un planeta muerto pero yo en lo personal pienso algo diferente se ha dicho que la luna era otro planeta que al chocar con la tierra formo la inclinación de la rotación de la misma en cuanto al sol pero pienso que el choque fue directo a la misma, y la tierra al estar todavía en proceso de enfriamiento recibió el impacto, más el

impacto fue de tal magnitud que una parte de la masa
del planeta atravesó la tierra, y siguió hasta detenerse al
ir agonizante al haber perdido su núcleo su corazón los
restos de ese planeta son nuestra querida y misteriosa
luna, la luna como sabemos regula el eje de la tierra con
su fuerza electromagnética, mi padre envió a su hijo a
vivir trasmutar y morir de esta manera más morir no es
correcto es trasmutar su energía, a formas más y más
perfectas de vida, porque la muerte en cuanto al orden
universal no existe, solo trasmutamos cambiamos en
sucesivo orden, quien desee adquirir el conocimiento
a de preparar la lámpara de la comprensión interna y
después alumbrado por la luz, hacer buenas acciones
como de un paño para limpiar las impurezas su místico
espejo, de modo que brille en el reflejo del yo. Dentro
del cuerpo que siente y piensa, está la divinidad
el verdadero venir a ser que se hace visible, no lo
reconoces . . . más, si la mente no viene a la existencia
consiente ay liberación por donde quiera, que es la ley,
la unión de una mente clara y en descanso, esta unión
en el hombre lo mismo una mente clara e iluminada.

El hombre verdadero está envuelto en una cascara
como la de la nuez no es posible acercarse, este es el
buda o iluminad que esta es nosotros desde cualquier
punto de vista que lo examinemos significa yo soy lo
que soy yo estoy en ti y tu en mí en esta intima unión
el hombre bueno se convierte en un dios consciente o
inconscientemente si es un iniciado pude proyectar
una corriente protectora beneficia, en el segundo caso
un hombre bueno no iniciado sin darse cuenta de que
lo ase trae buena vibración para quien está a su lado,

en estos casos se encuentran algunos cómicos que tan
solo al verlos aun en televisión trasmiten vibraciones
súper positivas caso específico Cantinflas que sin decir
nada trasmite amor, esos seres son enviados por el
padre para cumplir esa función aun sin ellos saberlo
totalmente, a eso se le llama comúnmente carisma
buena vibra también algunos cantantes asen esa
función ya que al ponerse a cantar muchas veces se
convierten en puente entre las energías y los seres
humanos, convierten o trasmutan el triple de lo que la
misma gente les envía digamos que la gente concentra
la Atención ellos en lo que cantan, y él se convierte en
el puente de la deidad que por medio del sonido les
devuelve 10 20 beses más de lo mismo . . . yo en lo
personal no pretendo estos escritos para sabios, esto
es para ustedes mi yo mi pueblo la gente común ya que
desafortunadamente ay mucha desinformación que
afecta a nuestros futuros hijos y a las hijos de nuestros
hijos. Y no decidimos tomar conciencia de estas cosas
por considerarlas ininteligibles. Pero he dicho yo solo
le quitado las pesadas losas. MANVANTARAS Y
PRALAYAS manvantara es un ciclo o ciclos, desde que
de una estrella se forman las nebulosa, que da vida a
sistema solar, se entiende por manv el nacimiento del
sistema solar y sus procesos anteriores a este, es lo
que se llama un día de brama o dios o el gran arquitecto
del universo que se tomó el tiempo para diseñar nuestro
universo dentro de lo universal a lo particular y pralaya
es la disolución de las formas de vida que sostienen
las leyes que rigen la raza humana y a todo el sistema
solar se entiende que la disolución al tocar los

principios, toca la electricidad el fuego el aire el agua, es pues la muerte el final de todo, en cuanto a lo que mantiene todo principio de la vida como la conocemos, cada nacimiento esta encadenado a todo un proceso general y es su simiente o todos sus mismos principios al fallar o entrar en disolución la mansión de los seres de nuestro planeta entra en destrucción con todo el sistema solar completo pero ay disoluciones temporales, y abran de pasar millones de años entre estas aun al término de la vida en la tierra, la energía o monada divina trasmuta automáticamente buscando las condiciones para continuar su ascensión, bueno al punto. DIAS Y NOCHES DE BRAMA es el nombre que se le da a los periodos llamados manvantara, y pralayas, el primero se refiere a los principios activos de universo, en nuestro caso particularmente nuestra mansión el sistema solar, con dirección actual en la tierra y pralaya es la disolución, ya ocurran al final de un día, o de una edad de Brahma, estos periodos que se siguen unos a otro son llamados kalpas pequeños y grandes, aun cuando estos periodos se refieren al universo hoy nos referimos a los kalpas o espacios de tiempo en nuestra mansión, y su dirección la tierra diré que vamos de lo universal a lo particular aun cuando la decisión de dar principio y fin a un proceso venga de una ley universal, en el sentido de nuestro cosmos se refiere en cuanto a nosotros a un periodo geológico remoto ya que ninguno puede pretender conocer excepto por deducciones lo que tuvo lugar antes de la reaparición de nuestro sistema solar y antes del anterior pralaya o disolución de mundos anteriores al nuestro, es necesario que nos familiaricemos con el hecho de que la vida es no solo el estado físico, que poseemos no la vida es desde lo universal a lo particular, es pues en diferentes maneras pero lo mismo vida universal las estrellas están vivas las galaxias todo es vida universal y correspondemos a ella aun cuando en este momento nuestro entendimiento se halle encadenado a la vida en la TIERRA eso es porque vamos en un proceso. En los primeros anales de nuestra historia se ensena que en los primeros disturbios geológicos de la tierra y ya habiendo seres humanos sobre ella la primera raza en morir en el fondo de los mares, fueron las rasa primitivas de todo el segundo continente. de cuyos sucesivos continentes o tierras fue la Atlántida el cuarto, tuvo lugar otro disturbio ocasionado por la vuelta del eje de la tierra a su anterior grado de inclinación de un modo tan rápido como lo había cambiado cuando la tierra fue verdaderamente sacada de nuevo de las aguas, abajo lo mismo que arriba respecto a la luna, en relación con la tierra la luna al impactarse con la tierra arranco parte del núcleo original de la misma que al impacto esa parte salió desplazándose junto con las partes que lograron atravesar la tierra ojo el núcleo de la tierra es parte del planeta que se impactó en ella se fundieron en una sola masa de fuego en el centro de la tierra y las partes que arranco de la misma fueron agregándose en lo que se conoce como la luna en concreto la tierra tiene la fusión de dos planetas y los restos de ese planeta que lograron atravesar la tierra se llevaron consigo parte del núcleo de la tierra la tierra es luna y tierra y viceversa la luna es luna y tierra en cuanto a los elementos que les conforman. Pasamos a otras cuestiones muchos nos preguntamos cual es el templo verdadero de nuestro dios al nivel de nuestro sentir la mujer en ella esta o debe mirarse como uno de los sitios más santos templo verdadero del dios vivo en cuanto a nosotros en esta ronda el recién nacido es un milagro constante un testimonio de que dentro del taller de la matriz ha intervenido un poder inteligente y creador. Para unir un alma viviente a un mecanismo físico la asombrosa maravilla de este hecho da un carácter de santidad sagrada a todo lo que se relaciona con los órganos de la reproducción como la morada y lugar de la intervención constructora evidente de la deidad, epilogo cundo decidí escribir solo quería globalizar en un libro lo que existe en tantos y tantos escritos que confunden al lector y no lo llevan a concretizar una idea generalizada del conocimiento de lo universal a lo particular de modo que sentar bases más sencillas para manejar la información es la meta de estos escritos no ay en el mundo un ser que saque de la nada lo que ha sido una filosofía de miles de años así que no estoy descubriendo nada nuevo solo el método el poder incrustar cada una de las partes y que embonen muchas personas pasan toda su vida sin llegar a algo que llene sus expectativas de la vida de su papel en ella leen uno y mil libros sin llegar a puerto esa es la finalidad de su servidor yo les quiero llevar a un camino de base para que partan de ahí al mundo fascinante de la vida de la muerte aparente, en el ser humano ya que la misma muerte no existe como tal solo existe el venir a ser y el cambio

drástico de las vestiduras físicas nos hace creer en un
principio y un final, más te digo ni ay principio ni final
los seres clasificados como humanos y por supuesto
las subrasas de los mismos, como los animales las
plantas y aun los metales solo van en un viaje del
pasado al futuro, en un eterno presente y no importa
la modalidad o la característica de cuerpo bien puede
ser un espíritu desencarnado o encarnado, que el
conocimiento viene a él es inherente su propia
constitución eterna, el hombre desdeña el conocimiento
muchas veces por la enajenación a la que ha sido
sometido, por tantos profetas videntes magos
charlatanes etc. pero la luz del entendimiento alumbra
el camino siempre, y por analogía llegara a puerto
seguro en este mundo de apariencias del mundo finito,
no quiero extenderme demasiado con palabras vanas
por llenar más paginas vale más algo sustancioso que
despeje un camino, que miles de palabras inútiles aun
en perfecto orden más te digo si estás dispuesto lo que
abras de leer te llevara a investigar comprender conocer
más rápidamente una realidad más pura, más sencilla
de las reglas que nuestro arquitecto divina a diseñado
para nosotros, te recuerdo los seres humanos hemos
sido procesados del polvo de estrellas venimos o somos
parte sustancial universal somos ángeles vivientes
cuando obramos positivamente avanzamos en la forma
de amor existe la clave para evolucionar mas
rápidamente en todos los aspectos del venir a ser no
quiero meterme el cuanto a la parte negativa del
proceso pero basta saber que el bien con él se avanza
y cuando la parte negativa atrapa el espíritu o ángel

solar o influye en él le da una lección de aprendizaje
mas no avanza en cuanto a la ley karmika que retribuye
en cada vida o cuerpo NUEVO en cada nacimiento ay
quien me ha preguntado cual es la finalidad de hacer
el bien en un mundo transitorio, yo te digo cuando los
elementos o la preparación de un estudiante para
alguna tarea son en base a un estudio o preparación
los resultados son mejores así la vida en el mundo
nuestro todo bien te da un mérito de inteligente ser
humano le agregas un punto al proceso para el cual
has sido diseñado en tu camino para tu conquista del
universo los seres humanos somos prototipos pequeños
en la tierra de el plan que de manera universal ya ha
establecido la deidad el cual avanza de esa manera el
hecho de que solo vislumbremos en este momento la
vida en la tierra es por el tamaño y limitación en cuanto
a los elementos que nos conforman pero la deidad tiene
diseñado establecido el que las razas de diferentes
planetas en el universo se lleguen a conocer
interconectarse, crisol de razas extraterrenas será el
nuevo parto del venir a ser por eso el hombre busca en
el espacio exterior porque tiene en sus genes el
ordenamiento ya preestablecido por la deidad es pues
su conquista el universo tanto en vestidura como en
razonamiento en menos de 30 años a la fecha de este
libro se tendrá contacto con vida inteligente en otros
planetas abra rasas amigables rasas no tanto pero
recuerda la finalidad de la vida es inherente y triunfa
aun en personas con índice de maldad alto los seres
humanos llegaremos a tener relaciones amistosas con
seres de otras galaxias o sistemas solares y aun cuando

sus características sean un tanto diferentes a la nuestra s la composición del universo no es muy diferentes en sus bases para la evolución y la involución entonces la similitud será bastante amplia solo que los primeros seres que conoceremos tendrán una edad cósmica más antigua que la que tiene el sistema solar al momento de estos escritos te digo la vida a sido sembrada en todo el universo en la tierra por un ordenador o inteligencia divina debemos de tomar conciencia de lo grande que es el ser humano en cuanto a su creación toma conciencia hermano mío si entendes el proceso muchas cosas dejaran de tener sentido el cuanto alo pequeño que te han inculcado eres en este mundo y en otros mundos y te digo no es así para ser formado como eres se ha tomado la deidad molestia de millones de años, crees tu que tanto trabajo sea solo para que al morir físicamente todo se acabe, cuando el hombre tome conciencia de sí mismo de su valor de lo importante que es para su padre en los cielos dejara de pelear contra sí mismo en cuanto a su valor real estamos muy devaluados en cuanto a lo que pensamos por la enajenación se la cual somos objeto por parte de nuestros maestros más te digo no es culpa de ellos su propio avance no les permite vislumbrar el plan universal se despide de ustedes un espíritu eterno un cuerpo transitorio un alma un pensamiento almacén de mis memorias en cada cuerpo que me es asignado para mi transición y recuerda tu eres un ángel solar y todo daño que agás a los demás lo ases a ti mismo todo a ti mismo yo mi dios tu mi dios el mi dios padre mío te pido perdón si algo escribo que pudiera dañar a mis hermanos nos vemos en el siguiente libro dedico este libro a mi hija ya fallecida Laura consuelo Medrano a mi nieta jaylin Marie h Hernández Luis a mi hijo Octavio bonafaucio Medrano a mis hermanos julio Sergio adrián alma Lilia Bonifacio Arturo esperanza Mayra Araceli y a mis padres YA FALLECIDOS BONIFACIO MEDRANO MI MADRE CONSUELO ZAENZ DE MEDRANO FIN.

www.ingramcontent.com/pod-product-compliance
Lightning Source LLC
Chambersburg PA
CBHW021247280526
45784CB00005B/2269